THÈSE

POUR

LA LICENCE.

A MES PARENTS.

A MES AMIS.

ACTE PUBLIC

POUR LA LICENCE,

EN EXÉCUTION DE L'ARTICLE IV, TITRE II, DE LA LOI DU XXII VENTOSE AN XII,

SOUTENU

PAR M. CAMPET (GUSTAVE),

Né à **BORDEAUX** (*Gironde*).

JUS ROMANUM.

DIG. LIB. XIV, TIT. 1 ET TIT. 3, INSTIT. DE JUST., LIB. IV, TIT. 7, § 2.

De exercitoriâ actione, de institoriâ actione.

Sub lege duodecimarum tabellarum et antequàm Prætores instituiti fuerint nemo poterat contrahere propter alios et solus ille recte conveniebatur qui contraxerat secundùm illud principium : *quisque debet pro se lege agere.*

Paterfamilias et dominus per stipulationes filiorum et servorum quos sub potestate habebant et primis temporibus acquirebant : In his enim casibus non duæ personæ erant sed tantummodò duo corpora. Non autem pater et dominus ex eorum contractibus astringi poterant ad aliquam rem solvendam. Jure admittebatur servos et filios conditionem meliorem non deteriorem reddere posse.

Hæc principia summo jure perfecta tamen iniquitates sapissimè pariebant, ita ut prætoribus jure naturali meliora suadente acerbum legis rigorem emendare placuit.

Propter quod certæ actiones introductæ sunt quibus paterfamilias et dominus ex contractibus et obligationibus filiorum aut servorum in quibusdam casibus conveniri potuerunt.

Primo provisum fuit ut cùm servus aut filius per jussum expressi datum contractum inierint rectè in dominum aut patrem ageretur. Posteà difficilè visum est dominum in certis casibus voluntatem suam quoquo momento adhibere ; nam si navis in longinquam regionem mitteretur quomodo servus aut extranea persona commissum præponentis obtinuisset ? Proptereà introducta est actio exercitoria quà exercitor propter omnes magistri contractus conveniri potuit. Ad imitationem exercitoriæ actionis, receptum est etiam in præponentem agi posse ex personâ institoris tabernæ aut alicui negotiationi cujuslibet commercii præpositi.

Nobis de duabus istis actionibus disserendum est. Itaque materiam dividemus in duobus capitulis. In primo de exercitoriâ, in secundo de institoriâ tractabimus.

De exercitoriâ actione.

Exercitor ille dicitur ad quem obventiones et reditus omnes perveniunt sive is dominus navis sit, sive à domino navem per aversionem conduxit, vel ad tempus vel in perpetuum.

Dicitur autem magister cui totius navis cura mandata est. Nec interest an exercitorem aut magistrum liberos an servos esse.

Sicut et suprà diximus qui cum magistro contraxerit contra exercitorem agere poterit in solidum. Exercitor enìm aliis dicere præponendo magistrum censetur : « *Hunc hominem meum procuratorem instituo ;* « *qui cum eo sicut et cum memetipso contraxerit.* » Et non solum pro magistro habetur ille quem exercitor præposuit, sed etiam quem sibi magister substituit.

Non autem ex omni causâ contra exercitorem actio dabitur, sed ejus rei nomine cujus ibi præpositus fuerit magister. Si mutuam acceperit magister non in navem reficiendam aut merces emendas impensaverit distinctio necessaria, ut apparet ex lege 7 lib. 8 quæst. « *Respondit* « *africanus creditorem utiliter acturum si cum pecunia crederetur* « *navis in eá causá fuisset ut refici deberet, etenim ut non opportet* « *creditorem ad hoc astringi ut ipse reficienda navis curam susci-* « *piat et negotium domini gerat ; ita illud exigentum ut sciat in* « *hoc se credere cui rei magister quis sit præpositus ; quod certè* « *aliter fieri non potest quam si illud quoque scierit necessariam re-* « *fectioni pecuniam esse.* » Æstimare etiam opportet an pecunia superior sit operibus nec ne. Si major enim pecunia credita fuit non debet « *in solidum adversum dominum navis actionem dari.* » (Ibid).

Igitur ex præpositione nascitur actio et non dabitur si magister ultrà jussum et rem contraxerit.

Si plures sunt magistri, ut actio detur, sciendum est an contrahere cum uno vel omnibus necesse est ; si officia sunt divisa vel non.

Actio sicut et suprà diximus contrà exercitorem aliis semper dabitur, si magister non transiit limites præpositionis ; sed ex contrario exercenti navem adversus eos qui cum magistro contraxerunt actio non polliceri prætori æquum visum est quia non eodem auxilio indigebat.

De institoriá actione.

Institor ille dicitur qui negotio gerendo instat ; nec multùm facit tabernæsit præpositus an cuilibet alii negotiationi. Tabernis primo tempore, sed posteà cuilibet actioni, agro colendo, condendis vendendisque frugibus institores præposit fuerunt.

Ex eâ definitione institoris facilè apparet non necesse tractari aut vendiri res in tali tabernâ aut alio loco designato, sed et quodam modo venditio ant emptio perfecta sit, is qui institorem præposuit tenebitur verbi gratiâ si institores. « *Ad homines honestos adferant merces et* « *ibi vendant.* » Lib. 14 D.

Sic ergo exercitor, præpositor ex contractibus institoris agi poterit, sed tantùm gratiâ ejus rei ad quam præpositus fuerit proindè si præposui ad mercium distractionem, tenebor nomine ejus ex empto actione. Parvi autem refert an institor sit masculus ant femina, liber an servus, proprius, an alienus ; sibi imputaturo qui præposuit.

Quando qui præposuit revocare voluerit præpositum alios monere ne cum eo contrahatur debebit et palàm ideò proscribendum est ; cæterum qui præposuit tenebitur. *Palàm proscribere* dicitur claris verbis significare in loco evidenti, eum qui præposuit non velle teneri ex conctractibus præpositi. Litteris græcis an latinis dubitatum est. Solvitur autem hæc difficultas distinctione æquissimâ in lib. II, § 3. « *Puto, aït Ulpianus, se-* « *cundùm loci conditionem, ne quis causari possit ignorantium lit-* « *terarum. Certe si quis dicat ignorasse se litteras vel non obser-* « *vasse quod propositum erat, cum multi legerent, non audietur.* »

In eo sunt similes actiones istæ.

Quod. 1° Non sunt principales actiones sed qualitates, seu accessiones aliarum actionum solummodò.

2° Utraque prætoria indirecta appellatur, quia contra patremfamilias et dominum datur non ex actibus qui ab illis semetipsis sed aliis quos in potestate habent procedunt.

3° Sunt in solidum persecutoriæ ; qui enim magistrum aut institorem prœposuit jubere intelligitur ut cum eo contrahatur et qui sic contraxit fidem patris vel domini sequitur.

4° In utràque reperitur ut intrà fines præpositionis contractum fuerit,

5° Utraque datur, sive servus sive filius-familias sive etiam extraneus fuerit præpositus.

In eo tamen dissimiles.

1° Quod. Exercitoria a præponente, institoria a præposito dicitur.

2° Exercitoria datur ex contractibus illius quem sibi magister substituit ; institoria non ex contractu sub institoris.

3° Exercitoria negotiationibus maritimis, institoria terrestribus interest.

Sic novam vitam commercium accepit et evanuerunt iniqua juris primitiva impedimenta.

CODE NAPOLÉON.

Des engagements qui se forment sans conventions.

Si la plupart des obligations naissent des conventions mutuelles des parties, il en est cependant qui se forment sans convention; les unes résultent de l'autorité de la loi, d'autres prennent naissance dans un fait personnel. Ces derniers prennent le nom de *quasi-contrats*, lorsque le fait qui les produit est licite; ils sont dits venir *d'un délit, ou bien quasi-délit*, si le fait est illicite.

§ 1er.

De la loi.

On peut, sous un point de vue général, considérer la loi comme la source de toute obligation; mais il en est auxquelles elle donne naissance directement, et sans qu'il y ait aucun fait de l'homme qui les produise. L'art 1370 nous indique comme telles les obligations qui existent entre les copropriétaires ou entre les propriétaires voisins, celles des tuteurs et autres administrateurs, qui ne peuvent refuser les fonctions qui leur sont déférées; il n'y a pas, en effet, dans ce cas, un fait volontaire de la part de celui qui est obligé. Je suis forcé de recevoir les eaux de mon voisin, de le laisser passer sur mon héritage quand son fonds est enclavé ; c'est involontairement aussi que je suis tenu des obligations du tuteur, quand cette fonction m'a été imposée par la loi.

§ 2.

Des quasi-contrats.

Les quasi-contrats, comme les définit l'art. 1371, sont les faits purement volontaires de l'homme, dont il résulte un engagement quelconque envers un tiers, et quelquefois un engagement réciproque des deux parties sans qu'il y ait un accord de volontés. Les parties sont liées par un fait, si elles ne le sont pas par un engagement réciproque. Telle est l'origine du mot quasi-contrat. Une des conditions essentielles pour qu'il y ait quasi-contrat, c'est que l'une des parties doit ignorer le fait qui y a donné naissance ; sans cela, son silence, qui équivaudrait à un consentement, suffirait pour constituer un contrat parfait.

Les Romains n'avaient pas considéré le quasi-contrat comme un fait générateur d'obligations. Dans cette législation, c'était l'effet produit et accompli qui avait fixé l'attention, et c'est pour cela qu'au lieu de dire, comme chez nous, le quasi-contrat produit obligation dans tels cas, on disait que dans certaines circonstances, il existe des obligations formées sans convention, et comme s'il y avait eu contrat, *quasi ex contractu*.

L'art. 1371 est incomplet, en ce sens que la définition qu'il donne du quasi-contrat peut parfaitement s'appliquer au délit et au quasi-délit. Il dit : Le fait volontaire dont il résulte un engagement envers un tiers. Un vol est bien un fait volontaire dont il résulte un engagement envers un tiers, ce n'est pourtant pas un quasi-contrat.

Les deux exemples les plus saillants de quasi-contrat que nous trouvons dans la loi, sont : la gestion d'affaires d'autrui, et la réception de l'indu.

Le droit romain plaçait dans la même catégorie trois autres obligations : l'obligation que l'héritier prenait d'acquitter les legs en faisant acceptation d'hérédité ; les engagements du tuteur envers les mineurs et réciproquement par suite des conséquences de la gestion, et enfin les obligations résultant de la copropriété ; mais ces trois catégories de dettes ont été renvoyées par le Code au nombre de celles qui sont créées par la loi, et par suite de cette réduction, le nombre des quasi-contrats a été restreint à deux.

§ 1er.

De la gestion des affaires d'autrui.

Celui qui gère volontairement et sans mandat les affaires d'une autre personne, s'oblige envers cette personne, et l'oblige en certains cas envers lui-même. L'art. 1372 nous dit que le quasi-contrat existe, soit que le propriétaire connaisse la gestion, soit qu'il l'ignore. Quoique le Code (art. 1985) ne parle que des mandats donnés par écrit ou verbalement, le mandat étant un contrat consensuel, peut aussi se former tacitement. Or, ne pourrait-on pas dire qu'il y a mandat dans le cas où le propriétaire connaîtra la gestion d'affaires ?

Quoiqu'il en soit, le Code assimile, sous bien des rapports, la gestion d'affaires au véritable mandat ; ainsi, celui qui a commencé la gestion doit l'achever ; de plus, il est obligé, après la mort du maître, de continuer sa gestion jusqu'à ce que l'héritier ait pu prendre la direction de l'affaire. Le gérant est tenu comme le mandataire d'apporter dans sa gestion tous les soins d'un bon père de famille, *culpa levis in abstracto.*

Cependant le législateur, tout en se montrant sévère envers le gérant, parce qu'il s'immisce dans les affaires d'autrui sans en être prié, a dû considérer qu'il ne retire aucun bénéfice de sa gestion, aussi a-t-il donné une certaine latitude aux juges, et l'art. 1374 dit : « Les circonstances qui l'ont conduit à se charger de l'affaire peuvent autoriser le juge à modérer les dommages-intérêts qui résulteraient des fautes ou de la négligence du gérant. »

Si le gérant a des obligations envers le maître, le maître en a aussi envers le gérant. Lorsque ce dernier a bien administré, le maître doit remplir les engagements qui ont été contractés en son nom par le gérant: il doit l'indemniser de tous les engagements personnels qu'il a pris, et lui rembourser toutes les dépenses utiles ou nécessaires qu'il a faites. Quant aux dépenses voluptuaires ou de pur agrément, le propriétaire pourrait les laisser à la charge du gérant.

Mais il existe entre le mandat et la gestion des différences qui sont l'utilité de la distinction entre les deux sources d'engagement; c'est pour cela qu'on discute le point de savoir s'il y a mandat ou gestion d'affaires. Ainsi le mandataire peut répéter toutes les dépenses, puisqu'il les a faites avec le consentement du mandant; au contraire, le gérant ne peut répéter que les dépenses faites utilement; car en se chargeant spontanément de l'affaire, il est censé s'en charger sous sa responsabilité, et c'est pour ce motif qu'il répond de l'utilité des dépenses. Mais il n'y a lieu d'apprécier l'utilité qu'en se plaçant au moment où elles ont été faites et sans considérer l'inutilité survenue par suite de faits postérieurs et imprévus.

Examinons maintenant le quasi-contrat résultant de la réception de l'indu.

§. 2.

De la réception de l'indu.

Art. 1376 à 1382.

Tout paiement suppose une dette. Ce qui a été payé sans être dû est sujet à répétition, en vertu de ce principe, que nul ne peut s'enrichir aux dépends d'autrui. Ainsi, lorsqu'il n'y a ni créance ni dette; lorsqu'il existe une dette, mais que celui qui a reçu le paiement n'était pas le véritable créancier, ou qu'elle n'a pas été payée par le véritable débiteur, quoique reçue par le véritable créancier : dans tous ces cas, celui qui a reçu le paiement doit rendre ; celui qui l'a effectué peut réclamer.

Celui qui a reçu le paiement, qu'il soit de bonne ou mauvaise foi, est légalement tenu a restituer. Si celui qui a reçu de bonne foi a vendu la chose, il n'est obligé que d'en restituer le prix. Il a agi comme pour lui-même, on ne peut donc le rendre responsable de la perte qu'il a pu faire.

Dans le cas où il y aurait mauvaise foi de la part de celui qui a reçu, il doit restituer non-seulement le capital, mais encore les intérêts ou les fruits, du jour du paiement, et non-seulement le prix effectif, mais encore celui qu'il aurait pu en retirer, s'il avait vendu à de bonnes conditions.

Si la chose indûment reçue est un immeuble ou meuble corporël, il faut distinguer, avec l'art. 1379, s'il y a bonne ou mauvaise foi. Dans le premier cas, celui qui l'a reçue s'oblige à la restitution en nature, si elle existe, ou sa valeur, si elle est périe ou détériorée par sa faute ; dans le second, outre ces obligations, il est, de plus, garant de la perte par cas fortuit.

L'art 1381, qui s'occupe des obligations de celui qui a reçu la chose envers celui qui l'a indûment payée, n'a pas besoin d'explication.

Nous avons étudié les deux cas de quasi-contrat, spécialement réglés par la loi.

Pour les autres, il est laissé aux juges une grande latitude ; l'art. 1374 les autorise à apprécier les diverses circonstances, avant de rendre leurs décisions. Passons maintenant aux engagements qui proviennent des délits et des quasi-délits.

§ 3.

Des Délits.

Tous les faits dommageables de l'homme sont rangés par le Code Napoléon dans les deux grandes classes des délits et des quasi-délits. Il existe entre les délits et quasi-délits, des différences essentielles. Les délits sont toujours accompagnés de l'intention de nuire ; les quasi-délits en sont, au contraire, toujours exempts. Le mot délit a, en droit civil, une signification différente de celle qui lui est attribuée en droit criminel. En droit civil, il désigne toute action illicite par laquelle une personne lèse sciemment et méchamment les droits d'autrui. En droit criminel, il désigne toute infraction définie et punie par la loi pénale. De même que tous les délits civils ne constituent pas tous les délits de droit criminel, de même, les délits de droit criminel ne constituent pas tous les délits civils. Tel est, par exemple, le stellionat, qui est, en certains cas, un véritable délit civil, et que la loi pénale ne frappe pas. Telle est aussi la simple tentative de certains délits, que la loi pénale incrimine, et qui ne donne lieu à aucune réparation civile.

Les délits punis par la loi pénale donnent lieu à deux sortes d'actions : l'une, appelée action civile, a pour but d'obtenir la réparation du dommage causé ; l'autre, appelée action publique, tend à l'application de la peine. La première peut être exercée par tous ceux qui ont souffert du dommage, la seconde n'appartient qu'aux fonctionnaires auxquels elle est confiée par la loi. Elles peuvent être poursuivies séparément ou concurremment.

Le dommage occasionné par les délits comprend non-seulement la perte, mais encore le manque de gain qui en a été la conséquence, *damnum emergens et lucrum cessans*. L'obligation de réparer le dommage causé par un délit pèse solidairement sur tous ceux qui y ont participé comme auteurs principaux ou comme complices. Cette réparation se résout en une indemnité pécuniaire.

Du quasi-délit.

Un quasi-délit est un fait de commission ou d'omission par lequel on porte préjudice à autrui ; mais sans avoir l'intention de lui nuire. Pour que l'omission constitue un quasi-délit, il faut qu'elle contrevienne à une obligation légale.

Tout quasi-délit engendre l'obligation de réparer le dommage qui en est résulté pour autrui (art. 1382 et 1383). Cette obligation est en général régie par les mêmes principes que celle qui naît d'un délit de droit civil. Si le quasi-délit est commis par plusieurs, il y a lieu de le demander, s'ils en sont sont solidairement responsables. Pour la négative, on peut dire que l'art. 55 du Code pénal n'admet la solidarité qu'en matière de délits, et que l'art. 1202 du Code Napoléon dispose que la solidarité n'existe qu'autant qu'elle résulte d'une stipulation formelle ou d'une disposition expresse de la loi. Mais nous pensons que, dans le cas de quasi-délits, la solidarité résulte de la force et de la nature des choses; car il serait impossible de déterminer la part de chacun des co-auteurs.

Ces distinctions et différences établies, nous avons encore à traiter de la responsabilité qui pèse sur les auteurs des délits et quasi-délits. Nous diviserons cette matière en deux paragraphes.

§ 1er.

Responsabilité de nos fautes personnelles.

Le fait qui engage notre responsabilité doit réunir essentiellement les conditions suivantes : être illicite, imputable à son auteur, et dommageable. Si l'une de ces conditions manque, nous ne serons pas responsables. Ainsi en exerçant un droit d'une manière régulière, quelque préjudice que nous portions à autrui, nous ne sommes point tenus de le réparer : dans mon parc, voisin de votre héritage, je plante, à la distance prescrite par la loi, des arbres à haute futaie; je vous fais perdre une vue magnifique, je porte atteinte à l'abondance de vos récoltes, et cependant je reste en dehors de toute responsabilité, et je ne suis point obligé de réparer ces dommages parce que mon fait est licite.

Le fait doit être imputable à son auteur : il suit de là que l'insensé et l'enfant encore privé de tout discernement ne sont pas responsables du dommage qu'ils causent.

L'homme est encore responsable des fautes, imprudences ou négligences qu'il commet dans l'exercice de ses fonctions. L'article 1382 comprend les dommages causés par les magistrats, avoués, avocats, notaires, huissiers, et, en un mot, par les fonctionnaires les plus élevés comme les plus humbles ; mais cette responsabilité a été, dans certaines circonstances, soumise à des principes spéciaux. C'est ainsi que les agents administratifs ne peuvent être poursuivis en dommages pour faits de leurs fonctions que moyennant l'autorisation préalable du Conseil d'Etat (art. 75 de la Constitution du 22 frimaire an VIII).

Mais l'homme n'est seulement pas tenu du dommage résultant de son dol ou de son imprudence, il doit aussi réparer le dommage causé par le fait des personnes ou des choses qu'il a sous sa garde.

§ 2.

Responsabilité du fait des personnes ou des choses qu'on a sous sa garde.

Les fautes sont personnelles, et l'on ne peut jamais nous imputer les actions des autres, à moins que la loi ne nous oblige à veiller sur eux ou qu'elle ne les ait mis sous notre garde (1384). Cette règle, si sévère dans son principe, se trouve renfermée dans de justes limites par ces mots qui terminent le dernier alinéa de l'art. 1384 : La responsabilité des pères et mères, instituteurs et artisans, a lieu, à moins que les pères et mères, instituteurs et artisans, ne prouvent qu'ils n'ont pu empêcher le fait qui donne lieu à cette responsabilité.

Le père, et après son décès la mère, sont responsables du dommage causé par leurs enfants mineurs, habitant avec eux ; le tuteur y est également soumis en ce qui concerne les actes du pupille.

Les maîtres et commettants sont responsables du dommage causé par leurs domestiques et préposés dans les fonctions auxquelles ils les ont employés. On a voulu, en rendant le maître responsable de son choix, le déterminer à faire un choix éclairé.

Le propriétaire est responsable du dommage causé par les animaux confiés à sa garde. Vainement voudrait-il échapper à la responsabilité que la loi fait peser sur lui (1385) en prétendant que l'animal s'est échappé ou qu'il est vicieux : dans les deux cas, il a commis une faute, celle de n'avoir pas exercé une surveillance assez grande, ou celle d'avoir gardé un animal aussi dangereux.

L'art. 1386 nous dit : que le propriétaire d'un bâtiment est responsable du dommagé causé par sa ruine, lorsqu'elle est arrivée par suite de défaut d'entretien ou par vice de construction. Il est, en effet, coupable, de ne s'être pas livré à des investigations qu'une bonne administration rend toujours nécessaires.

DROIT COMMERCIAL.

Faillites et Banqueroutes. — Des différentes espèces de créanciers. — De la Revendication.

Il existe, dans les faillites, diverses catégories de créanciers, ayant tous un même intérêt, le remboursement de leur créance, mais ayant aussi des droits divers. Parmi eux, nous distinguerons les créanciers porteurs d'engagements souscrits par plusieurs débiteurs solidaires ou non garantis par des cautions, ceux qui sont nantis de gages et qui peuvent se prévaloir d'un privilége sur les meubles, enfin, ceux qui ont privilége ou hypothèque sur les immeubles.

Les premiers, ont le droit de participer aux distributions dans toutes les masses et d'y figurer pour la valeur nominale de leurs titres jusqu'à parfait paiement, et il n'est ouvert de recours pour les dividendes payés que lorsque le total excède le montant de la créance, en principal et accessoires.

Les créanciers nantis de gages ne sont inscrits dans la masse que pour mémoire, et les syndics peuvent retirer le gage en remboursant la dette. Le salaire des ouvriers employés pour le failli et celui des commis, donne aux premiers, pour le mois qui a précédé la faillite, et aux seconds, pour les six mois, le privilége de l'art. 2101 du Code Napoléon.

Les créanciers privilégiés et hypothécaires qui n'auront pas été valablement remplis du prix de leur créance sur la vente des immeubles, ont le droit de concourir pour le surplus avec les créanciers chirographaires sous certaines distractions, après avoir fait affirmer et vérifier leurs créances.

Ils concourent aussi, aux mêmes conditions, aux distributions des deniers mobiliers qui précède la distribution du prix des immeubles.

Les créanciers hypothécaires non colloqués en rang utile, sont considérés comme chyrographaires, et, comme tels, soumis à toutes les conditions et effets du concordat.

CHAPITRE X.

De la revendication.

On appelle revendication, l'action par laquelle celui qui se prétend propriétaire d'une chose la réclame à une autre personne, qui s'en trouve en possession.

Celle qu'ont pour objet les règles tracées par le Code de commerce en cas de faillite, est la revendication exercée par le propriétaire contre. la personne avec laquelle il a traité et à qui il a remis une chose, soit à titre de vente, de dépôt, de mandat, ou pour toute autre cause. Elle diffère du privilége, en ce qu'elle fournit au propriétaire le moyen de reprendre la chose en nature, tandis que le privilége lui confère simplement le droit de se faire payer sur la valeur de la chose.

Nous diviserons cette matière en quatre parties distinctes; dans la première, nous traiterons de la revendication des titres ou effets de commerce; dans la seconde, de la revendication des marchandises consignées à titre de dépôt, ou pour être vendues pour le compte du propriétaire; dans la troisième, de la revendication des marchandises vendues au failli, mais dont la tradition n'a pas encore été faite; enfin, dans la quatrième, du droit de retention au profit du vendeur des marchandises, et de l'instance à fin de revendication.

§ 1er.

Revendication des remises, titres ou effets de commerce.

Aux termes de l'article 574, peuvent être revendiquées en cas de faillite les remises en effets de commerce ou autres titres non encore payés, et qui se trouvent en nature dans le portefeuille du failli lorsque celui-ci a été chargé d'en faire le recouvrement et d'en tenir la valeur à la disposition du mandant.

Il résulte de cette disposition de la loi, que si le failli a converti ces titres en argent, le droit de revendication se réduit à une simple créance chirographaire.

Pour avoir le droit d'opérer la revendication, peu importe que les titres soient échus ou non échus; il n'y a entre l'envoyeur des traites et le failli qu'un simple mandat; c'est pourquoi, si le mandat n'a pas été exécuté quand vient la faillite, le mandant n'a pas cessé de conserver la propriété de ses traites ou effets.

Pour pouvoir excercer la revendication, il faut être propriétaire des effets que l'on veut revendiquer; il s'ensuit que si l'on en a transmis au failli la propriété au moyen d'un endossement régulier, la revendication ne peut être admise; il en est de même s'ils ont été passés en compte courant, car leur affectation est certaine. On doit en décider de même au cas où le failli les aurait régulièrement transmis à des tiers de bonne foi. Cependant, si, comme nous le dirons plus loin pour les marchandises, le prix de ces traites ou effets était encore dû, il pourrait être revendiqué.

§ 2.

Revendication des marchandises consignées.

Les marchandises peuvent être revendiquées toutes les fois qu'elles ont été remises au failli pour être vendues, ou bien à titre de dépôt; car il est bien évident que dans l'un et l'autre cas, la propriété ne lui en a pas été transmise.

Pour exercer valablement la revendication des marchandises consignées, il faut d'abord prouver qu'on est propriétaire; cette preuve pourra résulter de la correspondance et autres titres. Une seconde condition est aussi requise : il faut que les marchandises se trouvent en nature dans les mains du failli, et que leur identité soit certaine. Le revendiquant doit en faire la preuve.

Si les marchandises ont été vendues et si l'acquéreur est de bonne foi, le propriétaire n'aura plus d'autre droit que celui de se faire admettre au nombre des créanciers chirographaires.

L'article 575 du Code de Commerce ajoute que le propriétaire aura le droit de revendiquer aussi le prix ou la partie du prix qui n'aura été ni payé, ni réglé en valeur, ni compensé en compte courant entre le failli et l'acheteur.

La rédaction de cet article doit s'entendre du cas où les valeurs dont il s'agit sont à l'ordre du failli ; car si elles étaient à l'ordre du commettant ou du propriétaire des marchandises, nul doute que celui-ci ne pût les revendiquer avec raison, car elles seraient toujours demeurées distinctes de la masse de la faillite.

Si au lieu de toucher le prix en argent des marchandises vendues, le consignataire s'est contenté d'un réglement en effets à terme, le propriétaire pourra revendiquer ces effets, s'ils se trouvent encore dans le portefeuille du failli au moment de la faillite.

Lorsqu'on fait droit à la revendication, le propriétaire doit indemniser la masse de toutes les avances débours et frais faits pour la vente ou la conservation de la chose.

Il n'est ici question que du commissionnaire-vendeur, et la question de savoir si le commissionnaire-acheteur aurait contre son commettant failli le même droit de revendication est controversée.

§ 3.

Revendication des marchandises vendues au failli.

Le droit de revendication mentionné dans l'art. 576 appartient non-seulement au vendeur, mais encore à ses représentants ou ayant-cause. Peu importe, du reste, que le vendeur soit ou ne soit pas commerçant, mais le vendeur non commerçant peut exercer de plus, en cas de non-paiement de la part de son débiteur, le privilége résultant de l'article 2102 du Code Napoléon.

On n'a pas à se préoccuper de l'emploi que devaient recevoir les marchandises revendiquées, et il importe peu qu'elles fussent destinées au failli lui-même, ou qu'elles eussent été achetées pour les besoins de son commerce.

Il faut que le prix soit encore dû en tout ou en partie ; si des à-comptes ont été donnés, le revendiquant doit en faire la déduction dans sa demande. Mais s'il a été réglé en billets, il faut s'assurer que les parties contractantes n'ont pas voulu opérer de novation, ce qui ne se présume jamais.

On doit observer avec soin les conditions imposées dans l'article 576 pour la validité de la revendication ; ici, comme dans le paragraphe précédent, on exige du revendiquant le remboursement des frais et déboursés au profit de la masse.

§ 4.

Du droit de rétention au profit du vendeur des marchandises et de l'instance à fin de revendication.

D'après les dispositions de l'art. 577, le vendeur pourra retenir les marchandises par lui vendues, lorsqu'elles n'auront pas été délivrées au failli, ou bien lorsqu'elles n'auront pas été expédiées, soit à lui, soit à un tiers pour son compte.

On peut retenir, non-seulement la totalité, mais encore la partie des marchandises qu'on n'aurait pas encore livrées au moment de la faillite.

Bien qu'en général, il soit nécessaire que le vendeur ne se soit pas désaisi, si néanmoins les marchandises avaient été expédiées et voyageaient pour le compte du vendeur, ou se trouvaient entre les mains d'un commissionnaire choisi par lui, il y aurait lieu d'appliquer la règle tracée plus haut.

Si les marchandises vendues s'évaluent au poids ou à la mesure, le vendeur pourrait les retenir dans ses magasins, alors même qu'elles auraient été dégustées et mesurées.

Si la vente a été faite à terme, la cessation de paiement du débiteur ou son insolvabilité reconnue, peuvent donner droit à l'exercice de la rétention.

La demande en revendication doit être jugée par le tribunal de commerce, du lieu de l'ouverture de la faillite. C'est la règle générale. Cependant, s'il s'agissait de décider si une somme déposée par le failli entre les mains d'un tiers peut être revendiquée par l'un des créanciers au détriment de l'autre, ce serait une instance purement civile.

Les dépens doivent être mis à la charge de la partie qui succombe ; aussi, l'art. 579, pour donner à la masse le moyen de se soustraire à cette charge onéreuse, dispose que les syndics autorisés par le juge-commissaire, pourront admettre les demandes en revendication.

DROIT ADMINISTRATIF.

Du renvoi à un autre Tribunal, pour cause de parenté ou d'alliance. — De la Récusation. — De la Péremption. — Du Désaveu.

§ 1er.

Du renvoi à un autre tribunal pour cause de parenté ou d'alliance.

En matière civile, on peut non-seulement décliner la juridiction d'un tribunal pour cause d'incompétence, mais encore demander le renvoi de la contestation à juger d'un tribunal devant un autre pour cause de parenté ou d'alliance. Dans ce dernier cas, c'est une récusation d'un tribunal tout entier que l'on propose, afin de sauvegarder les intérêts de l'une des parties et d'assurer l'impartialité des juges.

En matière administrative, l'utilité du renvoi n'est pas moins évidente et incontestable. On a lieu de craindre aussi l'influence que les juges récusables pourraient exercer sur les autres juges en faveur d'un parent ou d'un allié, et les conséquences qui seraient la suite de cette influence même. Mais y a-t-il lieu, en cette matière, à demander le renvoi pour cause de parenté ou d'alliance ?

Bien que dans la pratique cette question ait dû très rarement se présenter, il nous semble que l'utilité de cette question étant démontrée, l'admission en principe n'en devrait pas être douteuse, et quoique, d'ailleurs, on ne trouve dans aucune loi spéciale de disposition qui soit applicable à cette matière.

On objectera avec raison que ce renvoi ne pourrait être admis sans inconvénient grave lorsqu'il s'agit de tribunaux uniques dans leur espèce et exerçant par conséquent une juridiction exceptionnelle, tels qu'une commission. Ces raisons ont leur valeur et doivent être prises en sérieuse considération. Quoi qu'il en soit, si ce renvoi est admis devant certains tribunaux, il faudra appliquer autant que possible les articles 368 et suivants du Code de Procédure.

§ 2.

De la Récusation.

A defaut de règles spéciales qui régissent cette matière, la jurisprudence administrative a admis, dans quelques cas particuliers, la récusation, mais n'a pas tracé les règles qu'il faut suivre pour la proposer et la faire admettre. C'est encore à la procédure civile qu'il faut s'en référer, soit pour agir, soit pour déterminer les causes de récusation. On peut dire, d'ailleurs, que nulle disposition législative n'interdit l'application de la récusation en matière administrative.

M. de Cormenin s'oppose à l'admission de cette règle, et M. Foucart l'admet. Enfin, le Conseil d'Etat s'est prononcé formellement pour ce qui concerne la récusation des membres du conseil de préfecture.

Là loi du 19 juillet 1845 dispose formellement que les membres du Conseil d'Etat ne peuvent participer aux délibérations relatives aux recours dirigés contre la décision d'un ministre, lorsque cette décision a été préparée par une délibération du comité à laquelle ils ont pris part ; mais ils ne seraient pas sujets à récusation pour avoir concouru à la délibération de l'assemblée générale, si, plus tard, l'une des parties en cause venait à attaquer l'ordonnance rendue à suite de cette délibération.

Quant aux causes de récusation énumérées dans l'art. 378 du Code de procédure civile, lesquelles, selon M. de Cormenin, ne peuvent pas être appliquées dans toute leur étendue, nous pensons au contraire qu'elles doivent être admises intégralement, puisqu'aucune loi ne l'interdit.

§ 3.

De la péremption.

De la promptitude avec laquelle sont expédiées et jugées les affaires administratives, découle la conséquence que la péremption en cette matière doit être rejetée. La doctrine et la jurisprudence paraissent d'accord à cet égard.

Un arrêt du Conseil d'Etat, du 9 janvier 1832, a confirmé ce principe , pour ce qui concerne la procédure suivie devant le Conseil-d'Etat.

Faut-il l'admettre devant les juridictions inférieures ?

Nous pensons qu'il faut résoudre cette question négativement : 1° parce que la péremption est une déchéance, et que toute déchéance est de droit strict et ne peut être suppléée ; 2° parce qu'il ne dépend pas des parties en cause de hâter ou de ralentir la marche de la procédure administrative.

Si la discontinuation des poursuites durait trente ans, l'instance administrative serait éteinte.

§ 4.

Du désaveu.

Un texte formel admet, en matière administrative, l'action en désaveu. C'est le règlement du 22 juillet 1806. Il indique la manière de procéder, et fixe le délai qui doit être observé.

Devant les tribunaux inférieurs administratifs, contre qui doit être intentée l'action en désaveu ?

Comme il n'y a point ici d'officiers ministériels imposés par la loi, il faut faire une distinction nécessaire entre le mandataire *ad negotia* et le mandataire *ad lites*. Le second a des pouvoirs plus spéciaux, plus définis, et doit inspirer plus de confiance. C'est donc contre lui ou ses héritiers que doit être dirigée l'action en désaveu, à la charge par le demandeur d'appeler en cause toutes les parties adverses.

Quant aux actes et procédures faites devant le Conseil d'Etat, c'est contre l'avocat que l'action doit être intentée, dans les délais fixés par le garde-des-sceaux.

Vu par le Président de la Thèse,
BENECH.

Cette Thèse sera soutenue, dans l'une des salles de la Faculté, en séance publique, le **20 janvier 1855**.

Toulouse, imprimerie LAMARQUE & RIVES, successeurs d'HENAULT, rue Tripière, 9.

Toulouse , Imprimerie LAMARQUE & RIVES, rue Tripriére , 9.

9 782013 473101